Wie oft kannst du den Buchstaben **A** jeweils hören? Kreuze an.

1 2 3

1 2 3

1 2 3

A wie Affe

A a

Hier kannst du das große **A** schreiben. Beginne am schwarzen Punkt.

A

A

Schreibe nun das kleine **a**. Beginne am schwarzen Punkt.

a

a

Aa Bb Cc Dd Ee Ff Gg Hh Ii Jj Kk Ll Mm Nn Oo Pp Qq Rr Ss Tt Uu Vv Ww Xx Yy Zz

Wie oft kannst du den Buchstaben **B** jeweils hören? Kreuze an.

1 2 3

1 2 3

1 2 3

B wie Ball

B B b b

Hier kannst du das große **B** schreiben. Beginne am schwarzen Punkt.

B B

B

Schreibe nun das kleine **b**. Beginne am schwarzen Punkt.

b

b

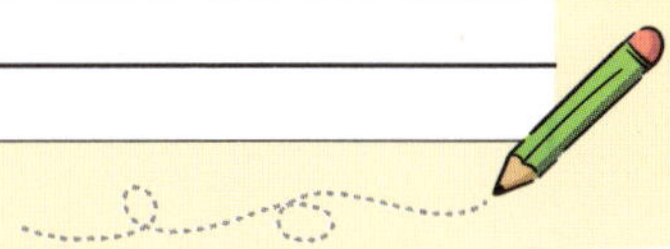

Aa Bb Cc Dd Ee Ff Gg Hh Ii Jj Kk Ll Mm Nn Oo Pp Qq Rr Ss Tt Uu Vv Ww Xx Yy Zz

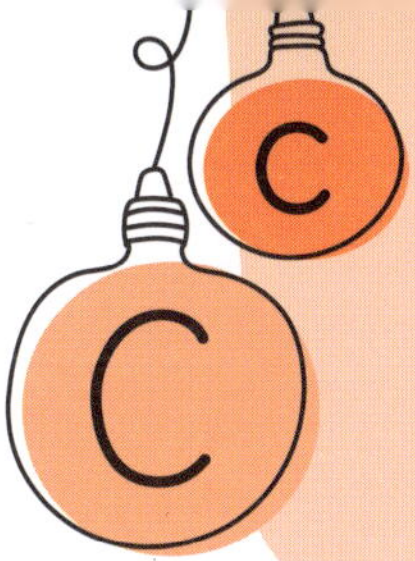

Wie viele Silben haben diese Wörter mit **C**? Zeichne die Silbenbögen ein.

C wie Clown

Hier kannst du das große **C** schreiben. Beginne am schwarzen Punkt.

Schreibe nun das kleine **c**. Beginne am schwarzen Punkt.

Kreise alle großen und kleinen **D** ein.

p D B D p
d b d
P p D d
q

D wie Drachen

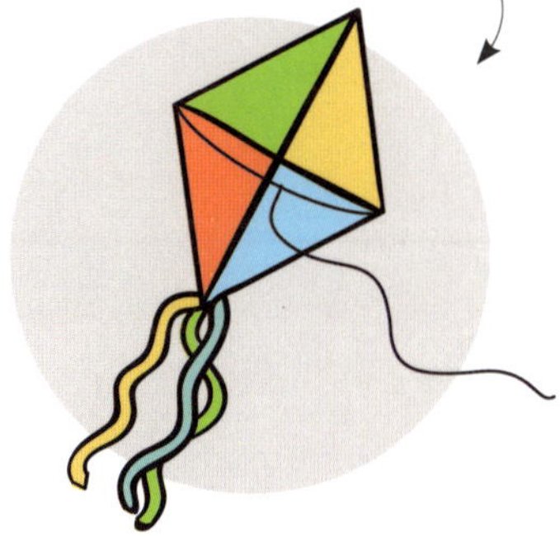

D d

Hier kannst du das große **D** schreiben. Beginne am schwarzen Punkt.

Schreibe nun das kleine **d**. Beginne am schwarzen Punkt.

Wie oft kannst du den Buchstaben **E** jeweils hören? Kreuze an.

1	2	3

1	2	3

1	2	3

E wie Ente

Hier kannst du das große **E** schreiben. Beginne am schwarzen Punkt.

Schreibe nun das kleine **e**. Beginne am schwarzen Punkt.

Wie viele Silben haben diese Wörter mit **F**? Zeichne die Silbenbögen ein.

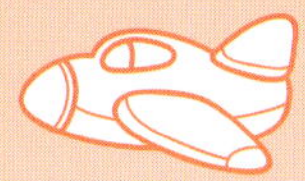

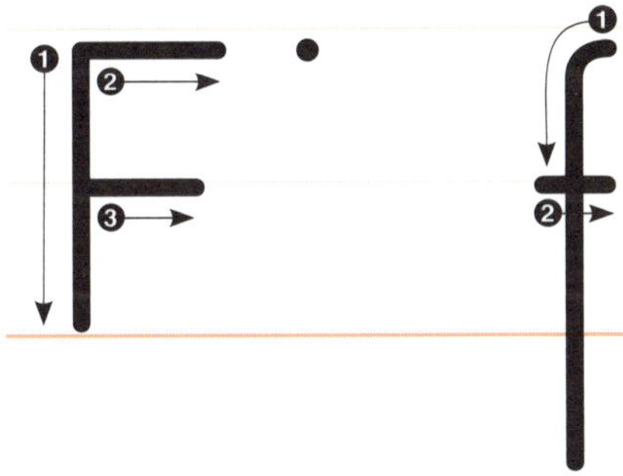

F wie Flamingo

Hier kannst du das große **F** schreiben. Beginne am schwarzen Punkt.

Schreibe nun das kleine **f**. Beginne am schwarzen Punkt.

Aa Bb Cc Dd Ee Ff Gg Hh Ii Jj Kk Ll Mm Nn Oo Pp Qq Rr Ss Tt Uu Vv Ww Xx Yy Zz

Wie oft kannst du den Buchstaben **G** jeweils hören? Kreuze an.

1	2	3

1	2	3

1	2	3

G wie Gitarre

G ❶ ❷ g ❶ ❷

Hier kannst du das große **G** schreiben. Beginne am schwarzen Punkt.

G G

Schreibe nun das kleine **g**. Beginne am schwarzen Punkt.

g g

Aa Bb Cc Dd Ee Ff Gg Hh Ii Jj Kk Ll Mm Nn Oo Pp Qq Rr Ss Tt Uu Vv Ww Xx Yy Zz

Wie viele Silben haben diese Wörter mit **H**? Zeichne die Silbenbögen ein.

H wie Hut

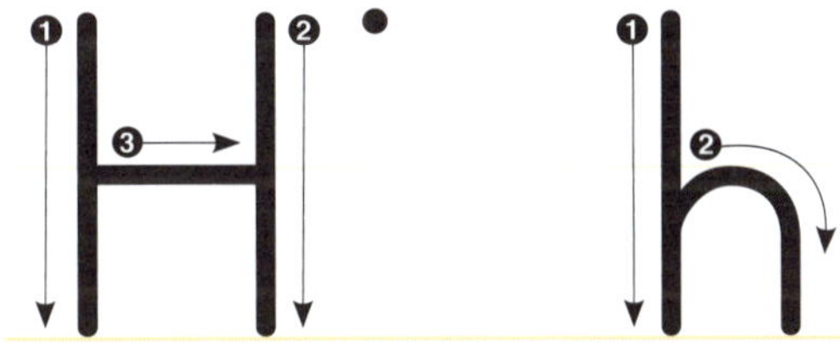

Hier kannst du das große **H** schreiben. Beginne am schwarzen Punkt.

Schreibe nun das kleine **h**. Beginne am schwarzen Punkt.

Aa Bb Cc Dd Ee Ff Gg Hh Ii Jj Kk Ll Mm Nn Oo Pp Qq Rr Ss Tt Uu Vv Ww Xx Yy Zz

Wie oft kannst du den Buchstaben **I** jeweils hören? Kreuze an.

1	2	3

1	2	3

1	2	3

I wie Insel

Hier kannst du das große **I** schreiben. Beginne am schwarzen Punkt.

Schreibe nun das kleine **i**. Beginne am schwarzen Punkt.

Aa Bb Cc Dd Ee Ff Gg Hh Ii Jj Kk Ll Mm Nn Oo Pp Qq Rr Ss Tt Uu Vv Ww Xx Yy Zz

Kreise alle großen und kleinen **J** ein.

i L i j i t J l j T J j T

J wie Jaguar

J j

Hier kannst du das große **J** schreiben. Beginne am schwarzen Punkt.

Schreibe nun das kleine **j**. Beginne am schwarzen Punkt.

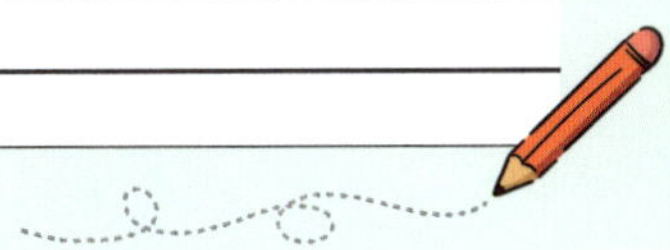

Aa Bb Cc Dd Ee Ff Gg Hh Ii Jj Kk Ll Mm Nn Oo Pp Qq Rr Ss Tt Uu Vv Ww Xx Yy Zz

Wie oft kannst du den Buchstaben **K** jeweils hören? Kreuze an.

1	2	3

1	2	3

1	2	3

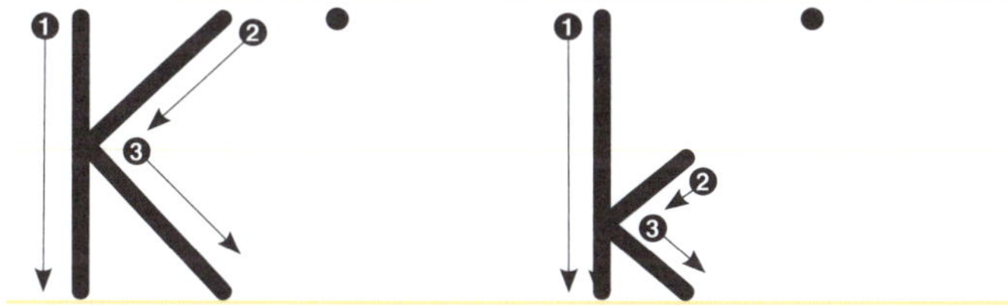

K wie Katze

Hier kannst du das große **K** schreiben. Beginne am schwarzen Punkt.

Schreibe nun das kleine **k**. Beginne am schwarzen Punkt.

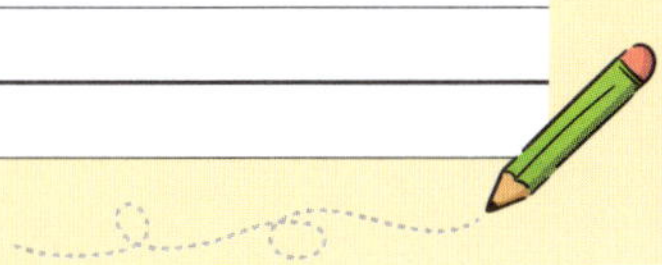

Wie viele Silben haben diese Wörter mit **L**? Zeichne die Silbenbögen ein.

L wie Lampe

Hier kannst du das große **L** schreiben. Beginne am schwarzen Punkt.

Schreibe nun das kleine **l**. Beginne am schwarzen Punkt.

Aa Bb Cc Dd Ee Ff Gg Hh Ii Jj Kk Ll Mm Nn Oo Pp Qq Rr Ss Tt Uu Vv Ww Xx Yy Zz

M m

Wie oft kannst du den Buchstaben **M** jeweils hören? Kreuze an.

1 2 3

1 2 3

1 2 3

M wie Melone

M m

Hier kannst du das große **M** schreiben. Beginne am schwarzen Punkt.

M

M

Schreibe nun das kleine **m**. Beginne am schwarzen Punkt.

m

m

Aa Bb Cc Dd Ee Ff Gg Hh Ii Jj Kk Ll Mm Nn Oo Pp Qq Rr Ss Tt Uu Vv Ww Xx Yy Zz

Wie oft kannst du den Buchstaben **N** jeweils hören? Kreuze an.

1 2 3

1 2 3

1 2 3

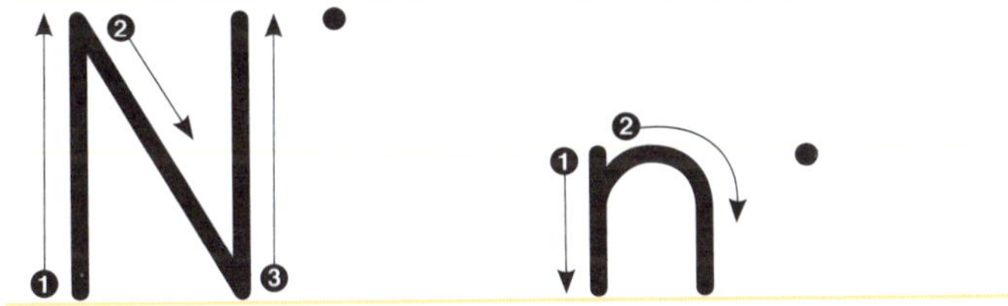

N wie Nilpferd

Hier kannst du das große **N** schreiben. Beginne am schwarzen Punkt.

Schreibe nun das kleine **n**. Beginne am schwarzen Punkt.

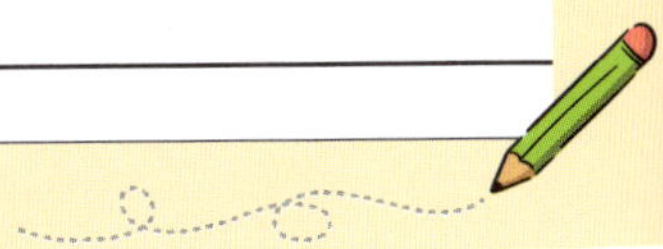

Aa Bb Cc Dd Ee Ff Gg Hh Ii Jj Kk Ll Mm Nn Oo Pp Qq Rr Ss Tt Uu Vv Ww Xx Yy Zz

Wie viele Silben haben diese Wörter mit **O**? Zeichne die Silbenbögen ein.

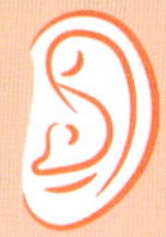

O wie Osterei

Hier kannst du das große **O** schreiben. Beginne am schwarzen Punkt.

Schreibe nun das kleine **o**. Beginne am schwarzen Punkt.

Wie oft kannst du den Buchstaben **P** jeweils hören? Kreuze an.

1	2	3

1	2	3

1	2	3

P p

P wie Pinsel

Hier kannst du das große **P** schreiben. Beginne am schwarzen Punkt.

Schreibe nun das kleine **p**. Beginne am schwarzen Punkt.

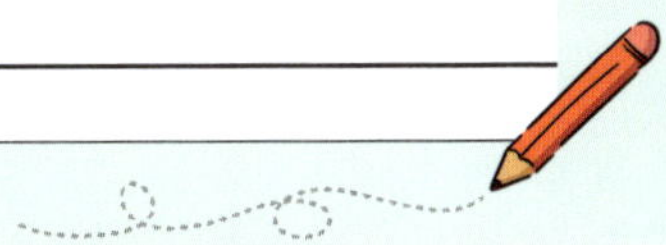

Kreise alle großen und kleinen **Q** ein.

o Q b q q p Q q O p Q b Q q

Q wie Quadrat

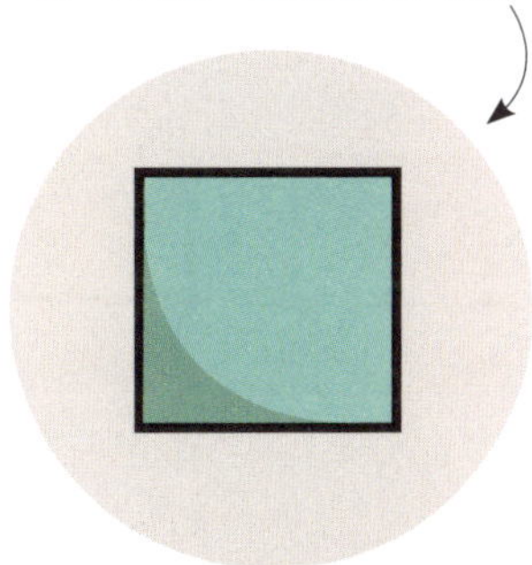

Q q

Hier kannst du das große **Q** schreiben. Beginne am schwarzen Punkt.

Q

Q

Schreibe nun das kleine **q**. Beginne am schwarzen Punkt.

q

q

Aa Bb Cc Dd Ee Ff Gg Hh Ii Jj Kk Ll Mm Nn Oo Pp Qq Rr Ss Tt Uu Vv Ww Xx Yy Zz

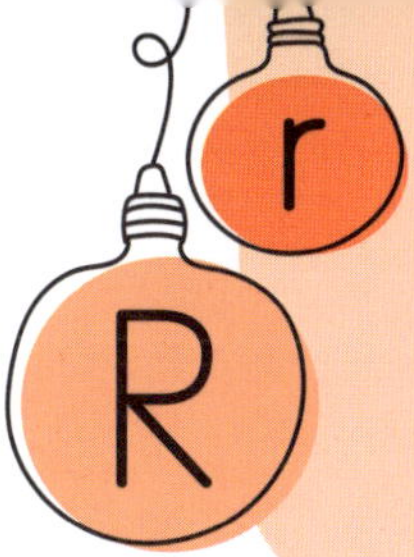

Wie viele Silben haben diese Wörter mit **R**? Zeichne die Silbenbögen ein.

R wie Rose

R r

Hier kannst du das große **R** schreiben. Beginne am schwarzen Punkt.

Schreibe nun das kleine **r**. Beginne am schwarzen Punkt.

Aa Bb Cc Dd Ee Ff Gg Hh Ii Jj Kk Ll Mm Nn Oo Pp Qq Rr Ss Tt Uu Vv Ww Xx Yy Zz

Wie oft kannst du den Buchstaben **S** jeweils hören? Kreuze an.

1	2	3

1	2	3

1	2	3

S wie Sessel

S s

Hier kannst du das große **S** schreiben. Beginne am schwarzen Punkt.

S

S

Schreibe nun das kleine **s**. Beginne am schwarzen Punkt.

s

s

Aa Bb Cc Dd Ee Ff Gg Hh Ii Jj Kk Ll Mm Nn Oo Pp Qq Rr Ss Tt Uu Vv Ww Xx Yy Zz

Wie oft kannst du den Buchstaben **T** jeweils hören? Kreuze an.

1	2	3

1	2	3

1	2	3

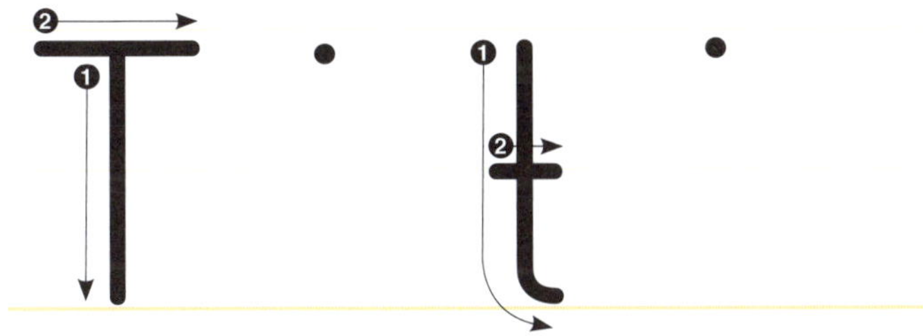

T wie Topf

Hier kannst du das große **T** schreiben. Beginne am schwarzen Punkt.

Schreibe nun das kleine **t**. Beginne am schwarzen Punkt.

Wie viele Silben haben diese Wörter mit **U**? Zeichne die Silbenbögen ein.

U wie Uhu

U u

Hier kannst du das große **U** schreiben. Beginne am schwarzen Punkt.

U

U

Schreibe nun das kleine **u**. Beginne am schwarzen Punkt.

u

u

Aa Bb Cc Dd Ee Ff Gg Hh Ii Jj Kk Ll Mm Nn Oo Pp Qq Rr Ss Tt Uu Vv Ww Xx Yy Zz

V wie Vorhang

W wie Wal

Hier kannst du das große und das kleine **V** schreiben. Beginne am schwarzen Punkt.

Hier kannst du das große und das kleine **W** schreiben. Beginne am schwarzen Punkt.

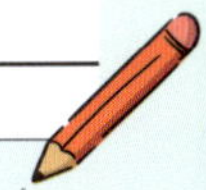

Xx

X x

X wie X-Beine

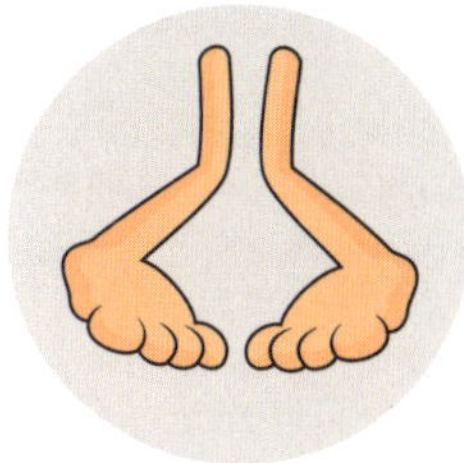

Yy

Y wie Yak

Y y

Hier kannst du das große und das kleine **X** schreiben. Beginne am schwarzen Punkt.

Hier kannst du das große und das kleine **Y** schreiben. Beginne am schwarzen Punkt.

Wie viele Silben haben diese Wörter mit **Z**? Zeichne die Silbenbögen ein.

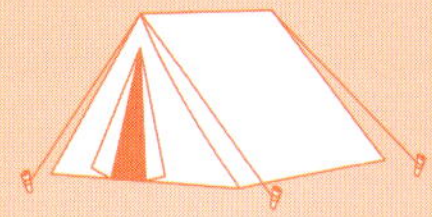

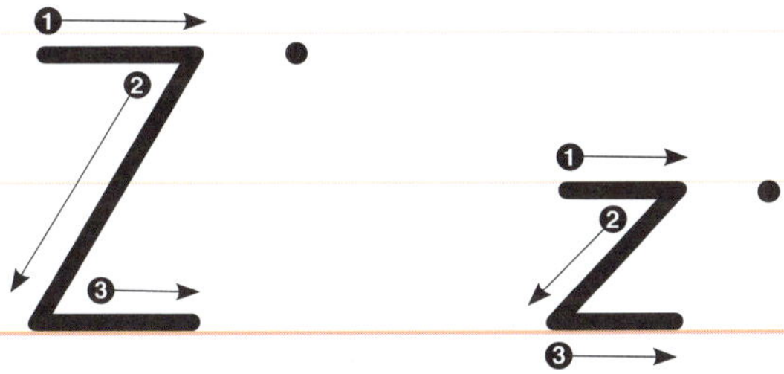

Z wie Zitrone

Hier kannst du das große **Z** schreiben. Beginne am schwarzen Punkt.

Schreibe nun das kleine **z**. Beginne am schwarzen Punkt.

Aa Bb Cc Dd Ee Ff Gg Hh Ii Jj Kk Ll Mm Nn Oo Pp Qq Rr Ss Tt Uu Vv Ww Xx Yy Zz